COUR DES PAIRS.

ATTENTAT DU 25 JUIN 1836.

RAPPORT

FAIT A LA COUR

PAR M. LE COMTE DE BASTARD.

COUR DES PAIRS.

ATTENTAT DU 25 JUIN 1836.

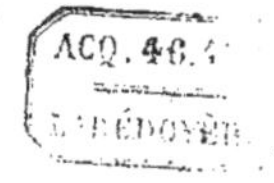

RAPPORT

FAIT A LA COUR

PAR M. LE COMTE DE BASTARD.

PARIS,

IMPRIMERIE ROYALE.

M DCCC XXXVI.

COUR DES PAIRS.

ATTENTAT DU 25 JUIN 1836.

RAPPORT

Fait à la Cour par M. le Comte DE BASTARD, l'un des
commissaires chargés de l'instruction du procès déféré
a la Cour par ordonnance royale du 25 juin 1836 (1).

Messieurs,

Ces moments de deuil et d'effroi qui ont ébranlé la
France et déchiré tous les cœurs nous étaient encore
présents, le sang des généreux citoyens qui avaient ra-
cheté de leur vie la vie du Monarque était à peine effacé,
peu de jours s'étaient écoulés depuis cet instant ter-
rible où le glaive de la loi avait frappé trois grands
coupables, le temple de votre justice se fermait à peine
que déjà il faut le rouvrir !

(1) Les commissaires étaient M. le baron Pasquier, président de la
Cour, et MM. le duc Decazes, le comte de Bastard, le comte Portalis
et Girod (de l'Ain), commis par M. le Président.

Cependant, confiante dans l'expérience de ce Roi mûri à l'école de l'adversité, dans ce courage que l'Europe admire avec nous, heureuse et fière de ces vertus qui entourent le trône et qui devraient toucher et désarmer le fanatisme le plus endurci, la France se livrait avec ardeur aux grands travaux que la paix seule enfante et qui seuls aussi assurent sa durée. Les rangs les plus inférieurs de la société obtenaient par degrés cette amélioration matérielle et morale que l'aisance et l'instruction amènent à leur suite, et une prospérité toujours croissante était la récompense de la sagesse du Roi et du bon sens du pays.

C'est au milieu de ce bien-être général que tout à coup Paris et la France apprennent avec horreur qu'un nouvel attentat vient d'être commis sur la personne du Monarque ; c'est à côté de l'épouse la plus tendre, de la sœur la plus dévouée, que l'assassin est venu chercher sa victime! Mais Dieu, qui, deux fois en moins d'une année, a sauvé la France, veillait sur le Roi; et par une circonstance touchante et digne d'être ici rapportée, c'est à ce sentiment de bonté qui lui est si naturel, c'est à son empressement à répondre aux témoignages de respect et d'amour dont il était l'objet, que le Roi a dû la vie; c'est au moment même où il rendait le salut à la garde nationale sous les armes, que l'assassin, trompé dans ses calculs, a fait partir son arme et lancé un plomb meurtrier dont une providence protectrice a détourné l'effet!

Le samedi 25 juin, le Roi, qui dans la journée était venu à Paris, quittait les Tuileries vers six heures et un quart, pour retourner à Neuilly avec la Reine et S. A. R. Madame *Adelaïde,* qui étaient placées dans

le fond de la voiture; le Roi était vis-à-vis de la Reine.
Les six premiers chevaux se trouvaient déjà engagés
sous le guichet du Pont-Royal, lorsque l'explosion d'une
arme à feu, dirigée contre le Roi, remplit la voiture de
fumée; la balle s'enfonça dans le panneau de la voiture, un peu au dessous de l'impériale. Le Roi, avec un
sang-froid admirable, après s'être informé si personne
n'avait été blessé donna ordre de continuer la route.

Je n'essayerai pas, Messieurs, de vous rendre les
douloureuses émotions de la Reine, et de son auguste
sœur, qui s'oublient toujours elles-mêmes pour ne pen-
ser qu'au danger du Roi. Je ne vous ferai pas assister à
cette première entrevue du Roi avec ses augustes filles,
encore dans l'ignorance du danger que venait de courir
leur père, et apprenant de sa propre bouche, d'une
manière si simple et si touchante, le crime qui venait
d'être commis sur sa personne; je ne vous peindrai
pas les sentiments de ce fils adoptif, notre royal allié,
de ces jeunes princes l'espoir de la patrie, se serrant
autour de leur père, que ce nouveau péril leur rendait
encore plus cher : ces sentiments furent ceux de toutes
les familles françaises au premier bruit de l'attentat.

L'explosion venait à peine de se faire entendre que
l'auteur du crime fut arrêté. Placé derrière deux ad-
judants du palais et à côté des factionnaires, il n'était
éloigné de la voiture que de cinq pieds; il fut saisi te-
nant encore son arme; c'était un fusil-canne, arme
dont le port est prohibé et puni par la loi.

Le poste de la garde nationale était commandé à
ce moment, en l'absence des officiers, par le sergent
Devisme, arquebusier, qui reconnut l'individu qu'on

venait d'arrêter pour être Louis *Alibaud*, auquel il déclara avoir confié, pour les vendre, des armes semblables à celle dont l'assassin venait de se servir.

Alibaud est aussitôt fouillé, et l'on trouve sur lui un poignard, destiné, dit-il, à se frapper s'il en avait eu le temps. Il n'avait dans sa poche que vingt-trois sous. Après quelques moments donnés à recueillir les renseignements que pouvaient fournir les personnes qui avaient été témoins de l'attentat, *Alibaud* fut conduit à la préfecture de police et livré à l'autorité judiciaire. Interrogé aussitôt par M. le procureur-général de la cour royale : «J'ai voulu, dit-il, tuer le Roi, «que je regarde comme l'ennemi du peuple. J'étais «malheureux; le Gouvernement est la cause de mon «malheur; le Roi en est le chef, voilà pourquoi j'ai «voulu le tuer. Je n'ai qu'un seul regret, celui de «n'avoir pas réussi.»

Ce premier interrogatoire terminé, on se livra sur-le-champ à toutes les recherches, à toutes les investigations qui pouvaient mener à la découverte de la vérité.

Dès le soir même, une ordonnance du Roi, en exécution de l'article 28 de la Charte, investit la Cour des Pairs de la connaissance de ce nouvel attentat.

Par votre arrêt du 26 juin, vous avez ordonné que votre Président procéderait à l'instruction; *Alibaud* a été interrogé plusieurs fois; votre Président a entendu tous ceux qui pouvaient éclairer la justice sur les antécédents du coupable, sur ses anciennes liaisons, sur ses rapports nouveaux, sur tous les faits enfin qui se rattachaient à son crime.

Nous vous apportons, Messieurs, l'analyse de cette instruction.

Louis *Alibaud* est né à Nîmes, le 2 mai 1810, de Barthélemy *Alibaud* et de Thérèse-Magdeleine *Bataillé*, aujourd'hui aubergistes à Perpignan.

Alibaud fut d'abord placé dans le lycée de Nîmes. En 1819, il fut envoyé à Narbonne, où il avait une tante religieuse, pour suivre des cours élémentaires, où l'on employait la méthode de l'enseignement mutuel; il y montrait quelque intelligence; plus tard sa tante le fit entrer au petit séminaire de cette ville, dont il sortit bientôt. Il écrivait bien, et fut successivement employé, en qualité de copiste, dans deux différentes maisons de cette ville, qu'il abandonna pour entrer comme novice dans la marine, où il ne resta que deux mois. Il s'engagea enfin, le 26 juillet 1829, dans le 15ᵉ régiment d'infanterie légère, en garnison à Paris; ce régiment y était encore en juillet 1830. « Je désertai, le dra-« peau de Charles X, » dit-il dans son interrogatoire du 27 juin, « je fis cause commune avec le peuple; mais comme « je sortais de la troupe, j'avais le préjugé que je ne peu-« vais tirer sur mes anciens camarades; je restai donc « neutre pendant les événements. Si j'ai été blessé, si « j'ai eu le bras démis, c'est que je me trouvais en ama-« teur derrière une barricade, parmi des bourgeois qui « essuyèrent une charge. »

Alibaud, moniteur de l'école régimentaire, avait été nommé fourrier de la compagnie de carabiniers; mais une rixe, dans laquelle il blessa un citoyen, l'ayant fait renvoyer avec le même grade dans une compagnie du centre, il parvint à se faire réformer, et quitta le service le 17 janvier 1834.

2

C'est à ce moment que remontent les premiers renseignements sur le caractère d'*Alibaud*. Vous aurez déjà remarqué, Messieurs, cette inquiétude d'esprit et cette inconstance de caractère qui lui font abandonner les deux premières maisons où il était placé. Il entre dans la marine, dont il sort deux mois après. Malgré les représentations de son père, il s'engage dans un régiment; et, malgré les avantages qu'il y avait obtenus, il abandonne le service, sans prévoir ce qu'il doit faire après l'avoir quitté. Il est signalé dans son régiment comme violent et emporté lorsqu'il avait un peu trop bu; du reste, calme et poli dans ses relations habituelles : l'exaltation de ses sentiments politiques avait été peu remarquée; toutefois, c'est à cette époque, et pendant qu'il servait encore, qu'il place la première idée de son crime.

On lui demande : « Depuis combien de jours mûris-« siez-vous vos coupables projets ?

« Depuis le jour où *Philippe Ier* n'a plus tenu ses « promesses.

« A quelle époque placez-vous ce jour?

« Principalement après les événements du cloître « Saint-Méry. J'ai juré sa mort depuis ce jour-là, et ses « actions, à partir de cette époque, n'ont fait que me « confirmer dans l'opinion que j'avais conçue. »

Alibaud n'était point à Paris au mois de juin 1832, son régiment était alors à Strasbourg. On lui a demandé s'il était en relation avec quelques-uns de ceux qui figurèrent dans les événements du cloître Saint-Méry : « Non, a-t-il dit, j'étais absent; mais je faisais partie du

« peuple comme ceux sur lesquels on tirait; c'était l'u-
« nique relation que j'avais avec eux. »

Toutefois l'on peut croire que si dès lors il eût été aussi
préoccupé qu'il nous le dit aujourd'hui du projet de
tuer le Roi, en quittant le service en 1834, il serait
revenu à Paris : il n'y vint point; il prit la route de
Narbonne, en passant par Lyon. Dans cette dernière
ville, il cherche à entrer dans une maison de commerce, qui, après avoir promis de l'employer, refusa de
le recevoir. La vie alors lui devient importune; il est
tenté de ne plus retourner chez ses parents et de
mettre fin à ses jours, « si l'espoir, dit-il, de rendre un
« grand service à son pays ne lui avait aidé à supporter
« la vie jusqu'à ce moment-ci. »

Il arriva donc à Narbonne, où son père, comme
aubergiste, logeait quelques employés de l'administration des télégraphes. Par leur moyen, il fut envoyé
à Carcassonne et occupé dans cette administration pendant trois ou quatre mois. Il la quitta, n'y trouvant pas
un assez prompt avancement; il chercha à être reçu
dans un établissement destiné à former des moniteurs
pour les écoles des départements; il ne put y être admis. Il
écrivit à un membre de la Chambre des Députés pour lui
demander de l'admettre dans son institut agricole, il n'en
eut pas de réponse, et suivit alors ses parents qui quit-
tèrent Narbonne et vinrent se fixer à Perpignan. Dans
cette ville, il se mit à étudier l'espagnol et la tenue des
livres, pour entrer dans une maison de commerce. « J'é-
« tais, a-t-il dit, préoccupé de l'idée d'être utile à mes
« parents; cette idée et mes projets contre le Roi se
« combattaient en moi. J'avais ajourné mes projets,

« j'espérais un mouvement révolutionnaire; je ne pou-
« vais me persuader que le peuple supporterait toujours
« le gouvernement du Roi ; je me berçais de ces pensées,
« et en attendant je me disais que je pourrais donner
« du pain à mes parents. »

Alibaud vit plusieurs fois à Perpignan le sieur *Corbière*, qui vous a déjà été signalé dans le procès d'Avril comme le chef de la société des Droits de l'homme dans le Roussillon. Interrogé sur ses rapports avec lui, *Alibaud* a répondu : « Je n'étais pas de sa « caste; il tenait le rang de bourgeois, et moi je n'étais « que le fils d'un aubergiste, je ne le fréquentais donc « pas. » Cependant on le trouve se présentant comme second dans un duel que *Corbière* faillit avoir.

A cette époque, un mouvement révolutionnaire se préparait en Catalogne; les réfugiés polonais et italiens y accouraient de tous côtés; ils espéraient, comme *Alibaud* l'a déclaré, s'emparer du pouvoir, proclamer la déchéance de la reine d'Espagne et établir la république.

Les réfugiés étrangers qui traversaient Perpignan, et qui logeaient chez *Alibaud* père, connaissaient les projets formés sur la Catalogne et les espérances des révolutionnaires. On promit à *Alibaud*, qui avait été militaire pendant cinq ans, de l'attacher comme aide-de-camp au général que l'on supposait devoir appuyer de son nom cette coupable entreprise. *Alibaud* partit pour Barcelonne. Il avait sur lui, d'après ses propres déclarations, une somme qu'on peut évaluer à environ 250 francs. En Espagne, il fut, dit-il, défrayé de sa dépense par des débiteurs de son père, et son retour en France ne lui coûta que fort peu de chose. A Barcelonne, où il séjourna quatre ou cinq semaines, il fréquenta surtout ces étrangers dans les têtes desquels fermentaient les idées révolutionnaires et régicides, et qui voulaient renverser le gouvernement qui leur donnait asile. « C'est la révolution d'Espagne,» dit *Alibaud* dans ses interrogatoires, «qui a achevé « d'exalter mes idées, si on peut appeler cela de l'exalta- « tion. »

La nomination du général *Mina* ayant déjoué les projets des conspirateurs, *Alibaud,* qui n'avait pu obtenir d'être nommé officier dans les troupes espagnoles, revint à Perpignan vers le 20 octobre 1835.

On lui a demandé « quel nouveau plan il avait «formé, en rentrant en France, pour assurer son exis- « tence?»

«A ma rentrée en France, j'étais bien dégoûté de «tout ; ce fut alors que je me décidai à venir à Paris. »

«Que comptiez-vous faire à Paris? » Il répond : « Ce «que j'ai manqué de faire.»

«Ce serait donc en Espagne que vous auriez arrêté «le projet d'assassiner le Roi?»

«Je n'étais pas encore tout à fait décidé en quittant «l'Espagne; mais, arrivé en France, je me décidai «totalement. Ce fut le départ du duc d'Orléans pour «l'Afrique qui me détermina à venir à Paris.»

«En quoi le départ du Prince royal a-t-il pu vous «déterminer à donner suite à vos projets de voyage à «Paris?»

«En ce que, le Roi mort, et le duc d'Orléans ne se

« trouvant pas à Paris, la révolution eût été plus facile
« qu'à toute autre époque. »

Heureusement, Messieurs, il se trompait dans ses
calculs impies. La mort du Roi, le plus grand des mal-
heurs qui auraient pu nous frapper, l'absence du Prince,
héritier légitime de la couronne et si digne de la recueillir un jour, n'eussent point amené le bouleverse-
ment que, dans son délire, avait rêvé l'assassin. Les
droits du Prince royal au trône de France n'ont point
été en vain confiés au patriotisme et au courage de
tous les citoyens; les Chambres, tous les corps de
l'État eussent maintenu la loi de l'hérédité constitu-
tionnelle du trône; et l'armée, au milieu de laquelle
le Prince se trouvait alors, et qui la première eût salué
le nouveau Roi, aurait répété avec toute la France le
vieux cri de nos pères : *Le Roi est mort, vive le Roi !*

Rentré en France, *Alibaud* ne passa que quinze
jours à Perpignan; il partit pour Paris avec 250 francs,
s'arrêta deux ou trois jours à Bordeaux. Il acheta à
Chatellerault, pour la somme de 5 francs, le couteau-
poignard qui a été saisi sur lui au moment de l'attentat.
Enfin il arriva le 17 novembre dernier, n'ayant plus
que 80 ou 90 francs en sa possession.

Dès ce moment, l'instruction a dû s'attacher à toutes
les démarches d'*Alibaud* et rechercher tous ceux qui,
liés avec lui, auraient pu recevoir la confidence de son
affreux projet, l'exciter ou l'aider dans son exécution.

Alibaud descendit à l'hôtel du Rhône, rue de Gre-
nelle-Saint-Honoré; il y resta dix jours. On n'a con-

servé aucun souvenir circonstancié de son séjour dans cette maison.

Pendant deux mois, il habita l'hôtel garni, rue de Valois-Batave, n° 5; il prenait sa nourriture chez le portier; il voyait peu de monde, et, si l'on en croit les témoins entendus dans l'instruction, ne parlait jamais politique.

Le premier mois, il solda sa dépense; mais bientôt, ses ressources étant épuisées, il ne put ni payer son loyer, ni sa nourriture; il annonçait un profond dégoût de la vie, et le 19 de janvier il demanda au portier de l'hôtel de lui acheter 10 livres de charbon, dont il avait l'intention de se servir pour attenter à ses jours.

Avant cette dernière époque, et dans la première quinzaine de décembre, *Alibaud* raconte qu'un journal ayant fait connaître le sieur *Devisme* comme fabricant de fusils - canne et d'armes nouvelles, il se rendit chez lui, et se donna pour un commis-voyageur qui pourrait lui procurer la vente des armes de sa fabrique. Il le revit plusieurs fois, et dans sa conversation, étrangère à la politique, il ne s'occupait que d'intérêts commerciaux et des facilités que ses relations dans le Midi pouvaient lui offrir pour placer ces différentes armes.

Alibaud essaya plusieurs de ces fusils-canne, qui, se trouvant trop chargés, ne purent résister à l'effort de la poudre. Il voulut payer le dernier de ces fusils qui avait crevé entre ses mains; *Devisme* refusa ce payement et lui confia, dans une caisse, quatre fusils-canne, une cravache-pistolet et deux cents cartouches, dont vingt à balle. Ces objets, plus tard, lui furent en partie renvoyés, et *Devisme* ne revit *Alibaud* que le jour même de son crime.

Pendant les deux mois qu'*Alibaud* resta rue de Valois-Batave, il ne se livra à aucun travail : son unique occupation, dit-il, était de suivre le Roi; il l'attendait à la porte de l'Opéra, se promenait dans les environs des Tuileries, dans les Tuileries mêmes, et cherchait à s'approcher de la voiture du Roi pour consommer le crime dont il était préoccupé.

Alibaud avait retrouvé à Paris Léonce *Fraisse*, âgé de 20 ans, mais avec qui cependant il avait étudié à Narbonne. Il lui confia son dénûment et l'état de misère auquel il était réduit. Léonce *Fraisse* vendit ses propres effets pour donner quelques secours à *Alibaud*. Il partagea pendant quinze jours ou trois semaines son lit avec lui. Il le menait souvent dîner chez sa mère, et se donna beaucoup de mouvement pour lui trouver un emploi. C'est lui qui le plaça dans un magasin de broderies tenu par les demoiselles *Duperly*. C'est par Léonce *Fraisse* qu'*Alibaud* fit remettre à *Devisme* une caisse contenant trois des fusils-canne qu'il lui avait confiées. Il écrivit à *Devisme* qu'on lui avait volé la quatrième dans un café; Léonce *Fraisse* était confident de la rétention de cette arme. *Alibaud* a déclaré avoir dit à *Fraisse* qu'il la conservait pour s'en servir lorsqu'un mouvement révolutionnaire viendrait à éclater. Toutes ces circonstances, connues dès les premiers moments qui suivirent l'attentat, motivèrent l'arrestation de Léonce *Fraisse*, qui du reste était absent de Paris depuis plusieurs jours, pour les affaires de commerce de son frère : il allait à Beaucaire, en passant par Bordeaux et Toulouse.

Ramené à Paris et interrogé par **M.** le Président, *Fraisse* affirme qu'*Alibaud,* en le chargeant de porter à *Devismes* la boîte qui renfermait les trois fusils-canne lui avait dit qu'il comptait payer plus tard celle qu'il conservait, dans l'intention de la donner à son père pour tuer de petits oiseaux; qu'*Alibaud* venait d'être placé, et devait consacrer le montant de ses appointements du premier mois à payer cette arme; et que, sans cela, il ne se serait pas chargé de sa commission.

Léonce *Fraisse* déclare avoir eu des discussions assez vives sur la politique avec *Alibaud*, qui, dit-il, « était « beaucoup plus avancé que moi; il était de la Monta-« gne et moi de la Gironde ».

Une réponse d'*Alibaud* fait encore mieux connaître la différence de leurs opinions politiques.

« Suivant la manière de voir de *Fraisse*, dit *Alibaud*, « le système suivi par *Robespierre* était un système de sang « qu'il désapprouvait; moi je croyais que c'était un sys-« tème qui pouvait nous ramener à une vraie république ».

Léonce *Fraisse* s'est empressé d'affirmer que, s'il avait su les intentions d'*Alibaud*, il se serait attaché à lui comme son ombre : il jure sur l'honneur que, s'il lui connaissait des complices, il le dirait.

L'interrogatoire subi par Léonce *Fraisse* a été long et détaillé; il n'a pas justifié les préventions que son intimité avec *Alibaud*, et les circonstances que nous avons rapportées, avaient naturellement fait naître. *Fraisse* a été mis en liberté.

Dans le milieu de février, *Alibaud* fut placé dans le magasin des demoiselles *Duperly*; il n'y resta que quinze jours. Il entra en qualité de commis teneur de livres chez le sieur *Batiza*, marchand de vin, rue Saint-Sauveur; il devait recevoir 400 francs par an et être logé et nourri. Interrogé sur l'emploi de son

temps dans cette maison : « J'étais , a-t-il répondu,
« occupé dès le matin jusqu'à neuf heures du soir ;
« je sortais seulement à cette heure pour aller lire les
« journaux; mon travail ne me permettait pas de suivre
« le Roi , ce qui contribua à me dégoûter de cette
« maison. J'eus une légère altercation avec mon pa-
« tron, et je le quittai. Je n'en étais pas fâché, sous
« un rapport : le beau temps approchait, je pensai que
« le Roi sortirait plus souvent; je désirais trouver un
« emploi dans lequel je serais plus libre, afin de pou-
« voir le suivre. J'avais renoncé à l'idée de tirer sur le
« Roi lorsqu'il serait en voiture, ayant remarqué que
« les stores étaient souvent baissés, et qu'il y avait
« presque toujours des dames avec lui. Je formai alors
« le dessein de tirer sur le Roi lorsqu'il se promènerait
« dans le petit jardin particulier qui lui est destiné en
« avant des Tuileries : je n'ai jamais pu l'y voir; j'a-
« joute que j'ai surveillé plus particulièrement le Roi
« depuis le départ des Princes. »

Batiza avait renvoyé *Alibaud* de chez lui parce
qu'il faisait fort négligemment l'ouvrage dont il était
chargé. Plusieurs fois il s'était fait remarquer par l'exaltation de ses idées républicaines. Un jour qu'on expri-
mait devant lui l'horreur qu'inspirait le crime de *Fieschi*, il prit la défense de ce misérable. Le témoin *Manoury*, qui était avec lui chez *Batiza*, lui ayant fait
quelques reproches sur la négligence qu'il apportait à
son service, *Alibaud* lui répondit : « quand j'ai mes
« idées dans ma tête, je ne pense pas à cela. » Du
reste, ajoute le témoin, *Alibaud* m'a toujours paru
d'un caractère honnête et tranquille; il ne s'emportait
que quand il parlait politique; il voyait peu de monde;

Fraisse seul venait souvent le voir. La déposition de *Batiza* est conforme à celle de *Manoury;* il ajoute seulement qu'*Alibaud* sortait souvent, qu'il prolongeait ses absences et ne rentrait le soir qu'assez tard. On lui connaissait son poignard, mais jamais on n'avait vu sa canne; et cependant on allait dans sa chambre, qui n'était pas fermée, et même *Batiza* avait eu l'occasion de voir tout ce qui était dans sa malle; cette canne n'avait jamais frappé ses regards.

En sortant de chez *Batiza,* *Alibaud* alla loger dans la rue des Marais-Saint-Germain, n° 3; il entra dans cet hôtel le 25 mai ; le prix de son logement était de 10 francs par mois : il paya la première quinzaine et ne put solder la seconde, non plus que trois chandelles et une feuille de papier qu'il doit encore au portier de la maison. *Bothrel,* qui avait connu *Alibaud* à Strasbourg, est venu deux fois le voir dans la première quinzaine de juin. Du reste, *Alibaud* ne parlait à qui que ce fût et ne connaissait aucune des personnes qui étaient logées dans cette maison ; il sortait tous les jours avant midi et ne rentrait que vers onze heures.

Le portier, qui faisait sa chambre, a vu sous sa commode, dans le commencement de juin, la canne dont *Alibaud* s'est servi pour commettre son crime. Il en ignorait la destination; il l'examina et la replaça sous la commode, sans en parler à personne, pensant que c'était un instrument inoffensif.

Alibaud, interrogé sur l'emploi de son temps dans le dernier mois, déclare qu'il sortait après son déjeuner lorsqu'il savait que le Roi devait venir à Paris, et qu'il allait le plus souvent l'attendre aux Tuileries. Il dînait chez le sieur *Dubois*, qui tenait une pension bourgeoise rue Furstemberg, et passait une grande partie de son temps dans le café-estaminet allemand, rue du Colombier, n° 4. Il rentrait toujours entre onze heures et minuit. *Alibaud* était alors tombé dans le plus complet dénûment. Pour obtenir quelque crédit dans la pension où il prenait ses repas et dans le café qu'il fréquentait, il avait eu recours à des mensonges : il se disait employé dans une maison de commerce où il ne devait toucher ses premiers appointements qu'à la fin du mois.

Il est ainsi resté vingt jours sans avoir un sou en sa possession, sollicitant de la bienveillance de ceux avec qui il se trouvait un peu de tabac qu'on ne lui accordait pas toujours. Le jour de l'attentat, ou la veille, il vendit pour trente sous un dictionnaire-de-poche espagnol, afin de satisfaire à ce besoin pressant ; les vingt-trois sous trouvés sur lui provenaient de cette vente. Telle était sa situation au moment de l'attentat.

Dans son interrogatoire du 30 juin, *Alibaud* rend un compte détaillé de l'emploi de son temps le 25, jour de l'attentat ; nous croyons devoir reproduire ici ses propres paroles.

« Je me suis levé vers dix heures. Je suis allé d'a-
« bord au café *Félix* lire le journal ; je ne me rappelle
« pas quel journal j'ai lu, mais je ne me suis arrêté,
« comme de coutume, qu'à l'article sur le Roi et les
« Princes. Je suis allé de là déjeuner à ma pension ; et,
« après le déjeuner, j'ai été chez moi prendre ma canne.
« J'ai suivi la rue des Marais ; entré dans la rue des
« Petits-Augustins, je tournai à gauche et suivis la rue
« Jacob et celle de l'Université jusqu'à la rue du Bac.

«Dans cette rue, j'entrai chez un épicier, qui est le
«dernier à gauche en montant au pont Royal. Voyant
«qu'il n'était qu'onze heures un quart, présumant que
«le Roi ne viendrait qu'à midi, selon son habitude,
«je suivis le quai des Tuileries et entrai dans les
«Champs-Élysées.

«Voyant des sergents de ville à l'entrée et dans l'a-
«venue des Champs-Élysées, j'acquis la certitude que
«le Roi n'était pas arrivé; je l'attendis.

«Apercevant le Roi dans l'avenue, je revins me
«poster à l'entrée des Champs-Élysées, à côté des
«constructions nouvelles, à droite en allant aux Tui-
«leries.

«Pour ne pas éveiller de soupçons, je liai conversa-
«tion avec un individu qui se trouvait là.

«Quelques minutes après, le Roi passa; mais il n'é-
«tait pas placé à ma fantaisie et de manière à ce que
«je pusse l'atteindre, ce qui m'empêcha de le mettre
«en joue.

«Dès lors je me rendis chez moi pour y déposer
«ma canne, et fus au café, où je fis une partie de
«billard avec *Cauvry*. Je le quittai en refusant de faire
«*la belle*, parce que l'heure me pressait. Je fus re-
«prendre ma canne et me dirigeai vers les Tuileries,
«en prenant le nouveau pont, où je changeai une pièce
«de deux sous; on me rendit un sou, et, comme je ne
«voulais pas déboutonner ma redingote pour réunir ce
«sou aux 22 que j'avais dans mon gilet, parce que
«je craignais de faire tomber mon poignard, je plaçai
«ce sou dans la poche de ma redingote, où il aura été
«trouvé.

«Arrivé sur la place du Carrousel, je vis que le Roi

« n'était pas parti ; je le jugeai au nombre des voitures
« qui stationnaient encore dans la cour et aux gens de
« livrée qui se trouvaient aux portes : alors je liai con-
« versation avec le garde national qui était de faction à
« la grille de l'Arc-de-Triomphe. Je lui parlai du mo-
« nument et restai assez longtemps avec lui, environ
« une demi-heure. Quand je vis les voitures du roi
« déboucher de la rue Saint-Thomas-du-Louvre, je
« quittai le factionnaire et fus me mettre à l'endroit où
« j'ai été saisi. »

Une perquisition fut faite au domicile d'*Alibaud ;*
elle y fit découvrir un petit paquet de poudre, quelques
ouvrages insignifiants, le premier volume des *Martyrs,*
et enfin un exemplaire des *Œuvres de Saint-Just.*

La Cour n'a pas oublié que ce dernier ouvrage fut
prêté par *Pepin* à *Fieschi :* coincidence remarquable de
lectures et de crimes, qui indique peut-être que l'exaltation dépravée de quelques esprits tire sa source d'une
doctrine commune et d'une même direction d'idées ;
et que c'est surtout par l'exploitation des souvenirs révolutionnaires que l'esprit révolutionnaire se nourrit et
se propage.

Nous ne reproduirons pas en entier les différents
interrogatoires qu'*Alibaud* a subis ; nous en avons ex-
trait tout ce qu'il pouvait être utile d'en savoir pour
connaître cet homme et apprécier toute sa perversité.

Alibaud avoue son crime, il s'en applaudit ; il re-
grette de n'avoir pas réussi, et malgré les apparences de
ce délire infernal, nous devons déclarer que tout, dans
ses réponses, dans la suite de ses actions, dans l'ordre de
ses idées, annonce une intelligence dépravée sans doute,
mais toujours maîtresse d'elle-même, qui a longtemps

réfléchi sur son crime, qui en a conçu, qui en a mesuré toute l'étendue, èt qui s'est froidement et librement dé-terminée à le commettre.

Alibaud a-t-il obéi aux inspirations spontanées d'une mauvaise passion, ou ne serait-il que l'instrument fana-tique d'une faction exécrable qui s'efforce par le meurtre et l'assassinat de bouleverser le pays, et ne s'attaque au Roi que parce qu'elle voit en lui le représentant vi-vant de l'ordre, de la morale et de la civilisation fran-çaise?

Rien n'indique dans la procédure que dans son régi-ment *Alibaud* eût manifesté la coupable pensée du crime que plus tard il a réalisé. Si son imagination s'est exaltée dans les réunions républicaines de la Catalogne, y au-rait-il pris l'engagement de commettre son crime? c'est ce que l'instruction ne pouvait nous apprendre, car elle ne pouvait embrasser des faits qui se seraient passés dans un pays étranger, où la justice de France manquait de moyens efficaces d'investigations.

L'étrange coïncidence qui a fait commettre le crime le jour où le sergent *Devisme* commandait aux Tuileries le poste de la garde nationale, devait nécessairement préoccuper les esprits. *Devisme* était le fabricant de cette arme perfide et prohibée; il l'avait remise lui-même à l'assassin, il l'avait essayée avec lui; n'en aurait-il pas préparé et facilité l'usage parricide? Mais les recherches les plus exactes nous ont démontré que cette coïncidence ne tenait qu'à une de ces combinai-sons inexplicables du hasard. On dirait que la Provi-dence a voulu que l'auteur du forfait fût aussitôt re-connu et signalé!

Alibaud n'avait pas aperçu *Devisme* dans la cour

des Tuileries : il s'était entretenu, en attendant les voitures du Roi, avec le factionnaire placé près de l'Arc-de-Triomphe, ainsi que le constate la déposition de ce garde national. Des renseignements dignes de confiance établissent que *Devisme* est dévoué au Roi et à sa famille; aucun soupçon de complicité ne saurait l'atteindre : il ne s'en est pas moins rendu coupable d'un grave délit, en vendant des armes prohibées, dont l'usage criminel a failli devenir si funeste. Nous nous sommes assurés que des poursuites étaient commencées pour la répression de ce délit, et que l'administration avait pris des mesures pour en prévenir le retour.

Les sieurs *Coural* et *Cambourlac* avaient été signalés comme connaissant *Alibaud* et ayant avec lui des relations qui pouvaient être suspectes; mais les témoignages les plus honorables sont venus établir que si ces deux jeunes gens, qui sont de Narbonne, rencontrèrent *Alibaud* une ou deux fois, les relations fugitives qu'ils eurent avec lui n'avaient rien eu de criminel.

Charles *Botrel* était venu deux fois chez *Alibaud;* il a été interrogé : il a établi qu'il avait connu *Alibaud* à Strasbourg, lorsqu'ils étaient tous deux en garnison dans cette ville. L'ayant retrouvé à Paris, *Botrel* chercha à lui être utile et l'engagea à dîner chez lui; mais tous les détails de leur rencontre et de leurs rapports, parfaitement établis, repoussent entièrement l'idée que *Botrel* ait connu les parricides projets d'*Alibaud*. C'est par *Botrel* que *Pierret*, élève en chirurgie, a revu *Alibaud*, qu'il avait aperçu à Strasbourg. *Botrel* et *Alibaud* passant un jour près du Val-de-Grâce, où loge *Pierret*, montèrent chez lui, il leur prêta quelques livres; *Alibaud* emporta le premier volume *des Martyrs;* rien dans ces relations n'était de nature à compromettre ni *Pierret* ni *Botrel.*

Plusieurs autres noms, Messieurs, ont été l'objet d'actives recherches qui, toutes, ont dissipé les vagues préventions qui, dans les premiers moments, avaient pu atteindre ceux qu'elles avaient un instant signalés.

Il résultait d'un renseignement transmis à M. le Procureur-général, que Marie-Louise *Bart,* femme de confiance chez le sieur *Ribet,* rue de Lille, n° 23, avait dit que le jour de l'attentat, passant dans la cour du Carrousel, et désirant voir Sa Majesté monter en voiture, elle s'était placée en avant et à droite du poste de la garde nationale; qu'à l'instant où le Roi passait sous la voûte, elle entendit une détonation et vit arrêter l'assassin, et qu'au même moment elle avait aperçu deux jeunes gens qui se sauvaient en disant : Quel malheur ! le Roi est manqué.

La fille *Bart* a été en conséquence appelée à déposer; elle a déclaré avoir été témoin du crime d'*Alibaud,* de son arrestation et de la fuite précipitée de deux jeunes gens qui auraient tenu, en s'échappant de la cour des Tuileries, par la grille de l'arc de triomphe, le propos que nous avons rapporté plus haut. La fille *Bart* a ajouté qu'ayant fait part à un individu qui se trouvait près d'elle de ce qu'elle venait de voir, celui-ci lui aurait répondu que cette affaire ne regardait pas les femmes, et que ces jeunes gens allaient chercher du secours. Cet individu était vêtu en bourgeois, et la fille *Bart* a déclaré qu'elle ne saurait le reconnaître. Quant aux deux jeunes gens, elle a dit qu'ils avaient environ vingt-cinq ou vingt-six ans; qu'ils étaient de tailles différentes; qu'ils avaient de la barbe sous le menton, et qu'ils étaient porteurs de redingotes dont elle ne peut indiquer la couleur.

Dans cette situation, il a été impossible de donner aucune suite à ce témoignage, résultat d'une observation faite dans un moment de trouble et de désordre, et qui ne se rattache à aucun autre fait de la procédure.

Ainsi, comme vous le voyez, Messieurs, l'instruction n'a fait connaître personne que l'on puisse désigner comme complice d'*Alibaud*.

Pour se procurer l'arme dont il devait se servir, il fut obligé, faute d'argent, de la dérober à l'armurier qui la lui avait confiée.

Le 26 mai, il n'avait plus de poudre pour charger cette arme, et l'on a constaté qu'à cette époque, et un mois avant l'attentat, il en avait acheté deux onces chez le sieur *Frichot;* une partie de cette poudre saisie chez lui est reconnue pour provenir de la régie, et n'avoir aucun rapport avec celle qui, vers la même époque, se fabriquait clandestinement dans la rue de l'Oursine. L'instruction ne montre *Alibaud* lié avec aucun de ceux qui dans ces derniers temps ont été l'objet de la surveillance de l'administration, et dont les noms ont si souvent retenti dans les tribunaux. Elle ne fait point connaître qu'il ait fait partie d'aucune association secrète, et son forfait ne serait dès lors que le crime d'un seul homme, d'une imagination pervertie par ces insinuations odieuses et mensongères qui tant de fois depuis six ans ont dévoué les rois à la haine des peuples, et par ces doctrines funestes qui voudraient enlever à l'assassinat politique et au suicide le caractère criminel dont la morale chrétienne les a si justement flétris.

Nous ne croyons pas, Messieurs, devoir nous étendre sur votre compétence, jamais elle ne fut plus évidente ; vous l'avez déjà plusieurs fois reconnue et proclamée. L'attentat sur la personne du Roi n'est-il pas l'attentat le plus grave qui puisse être commis dans une monarchie? Ne compromet-il pas au premier chef la sûreté de l'État? Ne réunit-il donc pas toutes les conditions qui commandent l'exercice de votre haute juridiction ? Vous n'hésiterez pas, Messieurs, à vous déclarer compétents.

Telle est, Messieurs, l'analyse rapide mais fidèle de l'instruction. Le désir de vous en faire connaître promptement le résultat et de hâter le jour de la justice ne nous a pas fait sacrifier le devoir plus pressant encore de rechercher et d'atteindre les complices d'*Alibaud*, s'il en existait réellement; mais la procédure ne nous ayant rien révélé qui soit de nature à nous faire présumer que nous puissions acquérir de nouvelles lumières, nous nous sommes hâtés de venir vous communiquer le résultat de nos investigations : c'est ainsi qu'il sera démontré à tous que la solennité de votre instruction et des formes protectrices de l'innocence, dont vous aimez à vous environner, peuvent s'allier avec la rapidité dans l'examen des causes et le jugement des accusés.

Puisse ce nouvel attentat être pour le pays un utile avertissement du danger de ces doctrines pernicieuses qui égarent les citoyens et les éloignent de ce Gouvernement monarchique et libre qui a réalisé les généreuses espérances des premières époques de notre révolution, et qui seul peut faire marcher l'humanité vers ces meilleures destinées auxquelles elle doit atteindre!

Puissent enfin tous les Français comprendre qu'après les déchirements qui depuis tant d'années ont désolé notre pays, c'est à la personne sacrée du Roi que sont, plus que jamais, attachés le bonheur de la France et le repos de l'Europe!

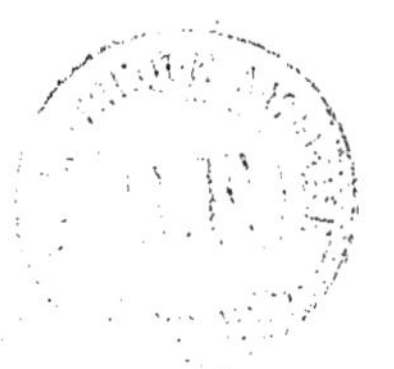